이 시詩 봐라

이 시 봐라

지은이 최대호
펴낸이 임상진
펴낸곳 (주)넥서스

초판 1쇄 발행 2015년 9월 25일
초판 17쇄 발행 2017년 11월 15일

출판신고 1992년 4월 3일 제311-2002-2호
주소 10880 경기도 파주시 지목로 5
전화 (02)330-5500 팩스 (02)330-5555

ISBN 979-11-5752-516-4 13810

저자와 출판사의 허락 없이 내용의 일부를
인용하거나 발췌하는 것을 금합니다.

가격은 뒤표지에 있습니다.
잘못 만들어진 책은 구입처에서 바꾸어 드립니다.

www.nexusbook.com
넥서스BOOKS는 (주)넥서스의 실용 전문 브랜드입니다.

울트라 스페셜 에디션

이
시 詩
봐
라

최대호 지음

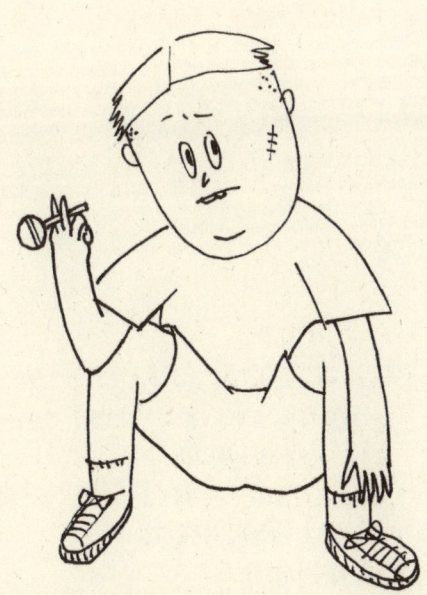

넥서스BOOKS

『이 시 봐라』는 이런 책

최대호 작가가 손글씨로 쓴 시집과
별책부록 『너도 써 봐라』 두 권으로 구성된
울트라 스페셜 에디션입니다.
생각하는 데 5시간, 쓰는 데 5분,
읽는 데 5초 걸리지만 여운은 5일 가는
묘한 매력이 있지요.

이런 사람들에게 딱

시도 읽고 그림에 색칠도 하며 나만의 리미티드 에디션북 완성.

- 월요일 아침부터 웃고 싶은 사람
- 요일 상관없이 웃고 싶은 사람
- 엄마한테 책 읽으라는 잔소리를 듣는 사람
- 소개팅에서 취미를 독서라고 말하고 싶은 사람
- '수고했어 오늘도!' 라는 말을 듣고 싶은 사람
- 사랑하고 싶은 사람
- 연애 감각을 키우고 싶은 모태솔로
- 연애세포가 다 죽어 연애조차 하고 싶지 않은 사람
- 컬러링북도 사고 싶고 시집도 사고 싶은데 만 원밖에 없는 사람

이렇게 활용하세요 1

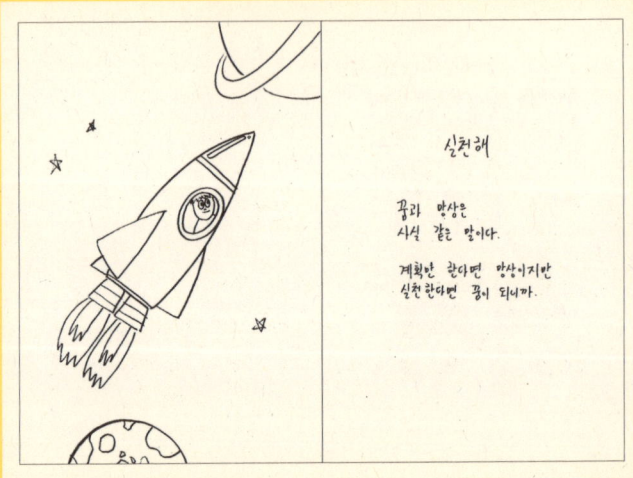

- 초등학교 때 시 쓰기 대회에 나갔던 얘기를 10년째 하는 친구에게 선물한다.
- 어렸을 적 꿈이 시인인 엄마에게 선물한다.
- 친구에게 '파이팅'이라고 말하며 선물한다.
- 『뽀로롱 뽀로로』 색칠 공부를 좋아하는 조카와 함께 본다.

이렇게 활용하세요 2

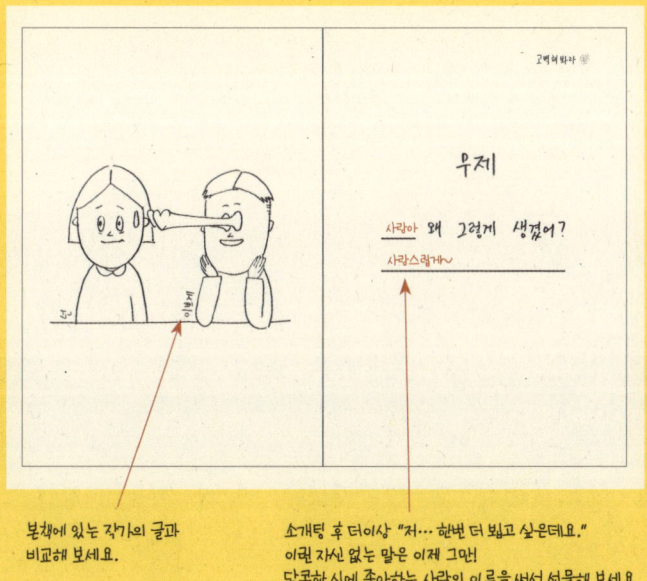

본책에 있는 작가의 글과
비교해 보세요.

소개팅 후 더이상 "저… 한번 더 뵙고 싶은데요."
이런 자신 없는 말은 이제 그만!
달콤한 시에 좋아하는 사람의 이름을 써서 선물해 보세요.

- 별책부록 『너도 써 봐라』에 좋아하는 사람의 이름을 넣어서 은근슬쩍 고백한다.
- 회의 시간마다 다이어리에 낙서하는 동료에게 선물한다.
- 글을 못 쓰지만 때려리는 잘하는 친구에게 선물한다.

프롤로그
한 자 한 자 마음을 담아

안녕하세요. 감사 먼저 드립니다. <읽어보시집 : 스페셜 에디션>을 많이 사랑해 주신 덕분에 <이 시 봐라 : 울트라 스페셜 에디션>이 세상에 나왔습니다.

"이걸 시로 써?" 라는 생각이 들만큼 일상의 소소한 얘기를 옮겼습니다. 하지만 폼 잡지 않았고 포장하지 않았습니다. 글 대부분을 경험으로 썼습니다. 모르는 감정을 짐작으로 쓰지 않았습니다.

키도 작고 특별할 것 없는 외모라 이성의 마음을 얻기도 어려웠습니다. 짝사랑도 많이 해 봤고 이별에 아파한 적도 있습니다. 그 마음을 잘 알기에 지금 짝사랑하는 사람들은 용기 내어 사랑할 수 있게, 또 이별에 아파하는 사람들에게는 위로가 될 수 있게 한 자 한 자 마음을 담아 썼습니다.

남다를 것 없는 학창 시절과 취업준비생 시절을 겪으며
혼자 고민하고 포기하고 싶을 때도 있었습니다. 지금은
직장에 다니고 있기에 직장인의 마음도 압니다. 그래서
이번 책에는 아직은 어설프지만, 자신의 자리에서
최선을 다하면 조금씩 성장할 우리를 위한 응원도
담았습니다.

글을 배우지 않아 투박합니다. 하지만 솔직합니다. 글씨도
못났습니다. 그래도 마음을 담아 진심으로 썼습니다. 편하게
봐 주세요. 이 책을 읽고 있는 동안은 어둡고 복잡한 생각은
날려드리고 유쾌하고 즐거운 기분들로 가득 차게 해 드릴게요.

글씨가 계속 이렇습니다. 타이핑 대신 손으로 써서 읽기
힘드시고 눈이 피로할 수 있으니 아껴서 읽어주세요.
감사합니다. 그리고 사랑합니다.

－최대호

목차

- 4 이 책 사용법_『이 시 봐라』는 이런 책
- 8 프롤로그_한 자 한 자 마음을 담아

16	그때 기분	48	다 싫어
18	되고 싶다	50	우제
20	인간요법	52	남자가
22	말 똑바로 해	54	아저씨
24	할 일	55	감별법
26	진로 고민	56	뛰어
28	그 표정	58	다행이야
30	가져가	60	데이트
32	뒷편	62	부러운 남자
34	후배님아	64	실천해
36	결심	66	좋은 취미
38	기대	68	좋은 곳
40	준비물	70	나쁜 말
42	엉망	72	포부
44	예감	73	잠 자기 전
46	콩 한 쪽	74	그렇게 했다면
47	꺼	76	다 아는데

78	어부바	112	달리기
80	어디로	114	만남의 장소
82	배신	116	바람
84	보여줘	118	겁쟁이
86	수고했어요	120	산
88	퇴근 시간	122	알겠네
90	여름의 꿈	124	시간아
92	변덕	126	느린 답장
94	란 친구	128	마침
96	괜찮아	130	공허
98	네 얼굴	131	결정
100	나도 싫어	132	새벽
102	누가 널	134	칭찬
104	놔	136	흠지
106	만나자	138	그 기분
108	말	140	이해
110	밥	141	적당하게

142	축하해	172	들을게
144	네 스타일	174	얼굴이 보이게
146	그 순간	176	왜 이럴까
148	너의	178	그때는
150	혼자	180	욕심쟁이
152	비	182	앞으로
154	삶	184	솔로
156	중급증	186	끝이야
157	금지	188	낭
158	동생	190	님아
160	SNS	191	누구야
162	더 몰하자	192	출근
164	내 습관	194	몰랐다
166	어쩌자고	196	싫다 싫어
167	한가해	198	소개팅 남
168	생각없니	200	고작
170	손편지	202	드라마

204	근로자의 날	234	복
206	딱	236	오늘
208	야근	238	마음대로
210	예쁜 너	240	좋은 점
212	상담사	242	친구라자
214	보고	244	없어졌어
216	쓰지마	246	인생 목표
217	실례	248	주변
218	행복은	249	수요일
220	두 눈	250	말해
222	꽉	252	천천히
224	그동안	254	보너스 대호의 일기
226	지난 기억		
227	그 사람이		
228	넌		
230	그 사람		
232	그렇다고 해서		

저자 고유의 글맛을 살리기 위해
표기와 맞춤법은 저자 스타일대로~

그때 기분

자른 머리가 마음에 들고
새로 산 신발이 딱 맞고
늦었을 때 버스가 바로 오고

이렇게 사소한 것들에도
나는 기분이 좋은데

너랑 말이 통할 때
내 기분은 어땠겠어.

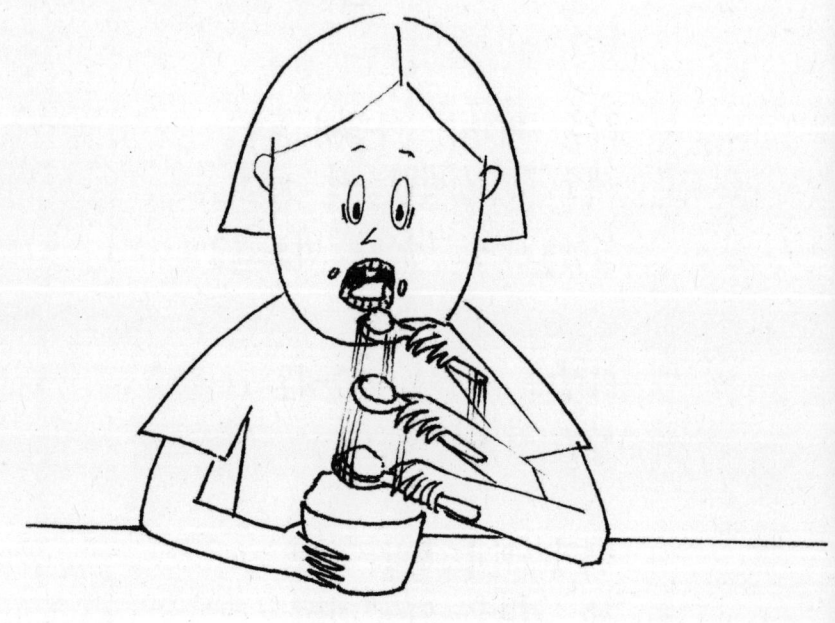

되고 싶다

그대의 머리끈이고 싶다.
머리 결을 만질 수 있게.

그대의 핸드폰이고 싶다.
볼을 맞댈 수 있게.

그대의 이불이고 싶다.
새벽 내내 안아주게.

그대의 수저이고 싶다.
언제 쉬냐고 좀 물어보게.

민간요법

두통이 심할 때
감기가 났을 때
소화가 안 될 때

예로부터 내려오는
민간요법이 있다.

퇴근하기.

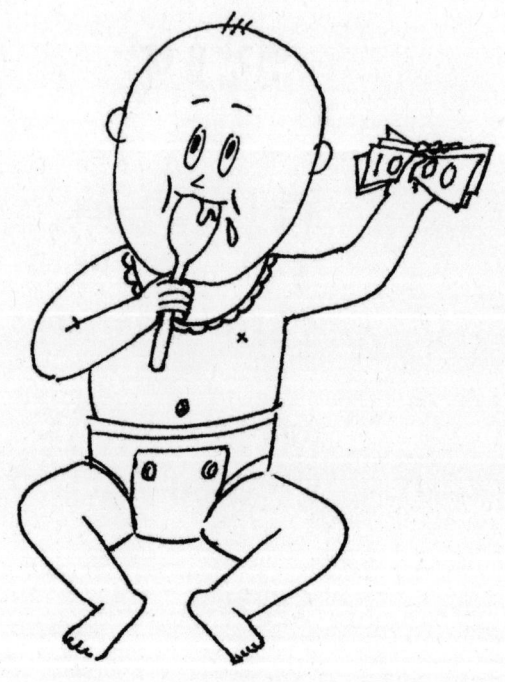

말 똑바로 해

낭 치어또 별 거쩡 어꼬
(난 취업도 별 걱정 없고)

하오 시프꺼 카고 사며에.
(하고 싶은거 하고 살면 돼.)

"말 똑바로 해.
너 입에 있는 거 뭐야?"

이거?
금수저.

할 일

난 비 오는 날이 좋아.

내가 할 일이 하나 줄거든
그 일이 뭐냐고?

너한테 물 주기.

진로 고민

석사를 딸까,
박사를 딸까.

대기업을 갈까,
스타트 업을 갈까.

영어권으로 갈까,
중화권으로 갈까.

아,
일단 중학교부터 가자.

그 표정

가끔은
사랑한다는 말보다

좋아 죽겠다는 그대의 표정이
더 좋아요.

가져가

세뱃돈은
엄마가 다 뺏어가고

이성 친구는
친구가 다 데려가고

내 월급은
카드사가 가져가고.

뒷편

죽음 뒷편에
뭐가 있는지 궁금하다.

블랙홀 뒷편에
뭐가 있는지 궁금하다.

그리고
너의 화장 뒷편에
뭐가 있는지도 궁금하다.

후배님아

카카오 페이,
삼성 페이
이런 거 다 필요없고

더치 페이 좀 하면 안 되냐?

결심

오빠! 나 오늘부터
제대로 다이어트할 거야.

못 믿겠다는 그 표정 뭐야?
나 기분 나빠졌어.

치킨 시켜줘.

기대

다른 기대 안 할게.
그냥 기대기만 할게.

준비물

좋은 일
좋은 사람
좋은 삶을 만나려면
간단한 준비물이 있다.

좋은 나.

엉망

오늘 급하게 나오느라
옷도 엉망이고
화장도 엉망이고
머리도 엉망이라더니

아...
이렇게 예쁜 엉망이 어딨냐?

예감

오늘은
우연히 전 남친 만나고
급하게 썸남도 만나고
길에서 훈남 만나는 날이다.

왜냐하면
화장이 드럽게 안 먹거든.

콩 한 쪽

콩 한 쪽도 나눠먹는 게
가족이라고 하지만

치킨은 나누는 거 아니다.

꺼

넌 너무 밝혀.
그만 밝히고 불 꺼.

우리 같이 불 끈 방엔
내 힘이 불끈.

다 싫어

소고기도 싫어.
맛있는 술도 싫어.
공짜 노래방도 싫어.

왜냐고?

회식이거든.

우제

넌 왜 그렇게 생겼어?

이쁘게.

# 남자가

넌 무슨 남자애가
사소한 것도 잊지 않고
말 한 마디도 그냥 안 넘기고
별 걸 다 기억하니까

날마다 아주
세심해서 고마워.

아저씨

훤칠한 키에
친절한 미소 ☺
부르면 달려오는 사람.

특히나 밤에
생각나는 그 사람.

치킨 아저씨.

감별법

네가 고기 사기로 한 날에
내가 야근이라고 약속 깨면
그 날은 정말 야근이고

내가 사기로 한 날에
야근이라고 약속 깬다면
그 날은 칼퇴야.

뛰어

난 걷는 거 싫어해
뛰는 건 더 싫어.

근데 너를 알고나선
매일 뛰어.

심장이.

다행이야

신은 너에게
귀여운 외모를 주셨고
착한 성격을 주셨고
좋은 몸매까지 주셨지만
남자 보는 눈은 안 주셨지.

그래서 이렇게 부족한 내가
너 같은 사람을 만날 수 있었어.

데이트

오늘은 너와 데이트하는 날.

나는 이 날마다 너무 떨려.

오늘은 또
얼마가 나올까…

부러운 남자

오빠는 잘생겼고
옷도 잘 입고
재미도 있는데
세상에 부러운 사람이 없어요?

"나? 있지.
네 남자친구 될 사람."

64

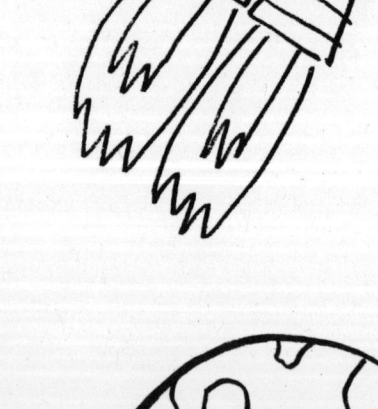

실천해

꿈과 망상은
사실 같은 말이다.

계획만 한다면 망상이지만
실천한다면 꿈이 되니까.

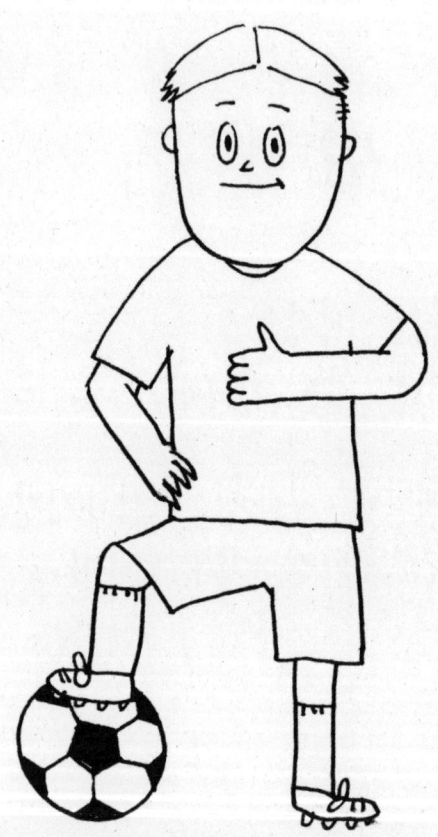

좋은 취미

저의 취미는
낚시,
축구,
게임 입니다.

솔로냐고요?

보시다시피요.

좋은 곳

정말 아름다운 곳이었어.

그곳을 절대 잊지 못해.
하나라도 더 담으려고 노력했어.

어디 좋은 데 다녀왔냐고?

응.

뷔페.

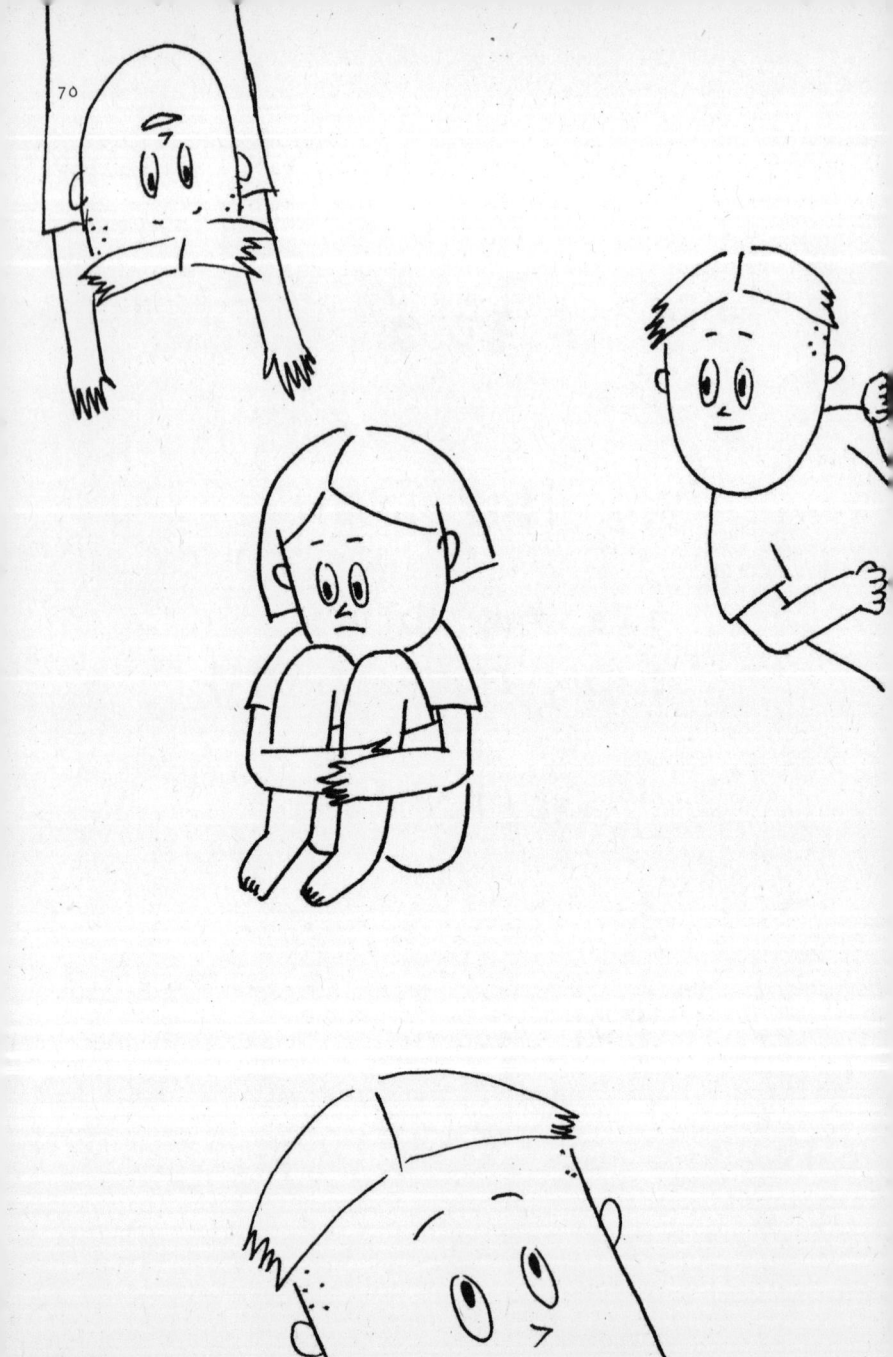

나쁜 말

"나는 혼자야." 이런 말 하지마

네 곁에 항상 있어준
사람들한테 미안 하지도 않니.

포부

이력서 맨 마지막에
입사 후 포부를 묻는 칸이 있었다.

나는 여기를 채우지 않았다.
글이 아닌 행동으로 채우고 싶어서.

잠 자기 전

- 내일 아침에는 살아있음에
 감사하며 기분 좋게 일어나야지.

일어날 때

- 살아있는 건 당연한 거고
 죽겠다. 죽겠어. 졸려죽겠어.

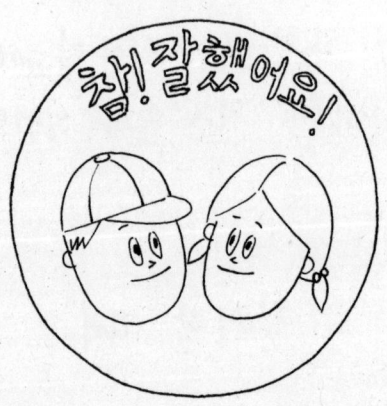

그렇게 했다면

시들지 말라고
매일 물 주고
아무리 보살펴도
결국 꽃은 시든다.

그래도 그렇게
매일 최선을 다 했으면
잘한 거다.

그걸로 된 거다.

다 아는데

너무 많이
티 내면 안 된다는 걸 알면서도
처음부터
너무 빠지면 안 된다는 걸 알면서도

네 앞에만 서면
나는 다 잊어버려요.

어부바

오빠, 나 무겁지?
"아니."

그래? 다행이다.
오빠는 살면서 가장 후회되는
순간이 언제였어?

"나? 지금."

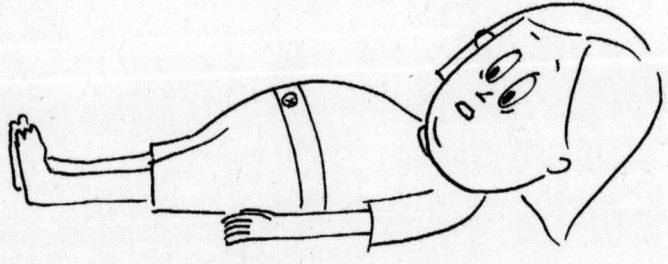

어디로

지금 내리는 이 비가
다 어디로 가는지 나는 모른다.

길을 걷는 이 많은 사람이
다 어디로 가는지 나는 모른다.

그대에게 보낸 내 사랑이
다 어디로 가는지 나는 모른다.

내가 오늘 먹은 음식이
어디로 가는지 배를 보니 알았다.

배신

개강하자마자
제일 친한 친구에게
세 번의 배신을 당했다.

그 친구는 살을 뺐고
지 혼자 스펙을 쌓았고
남친까지 만들었다.

나쁜 X.

보호해줘

친구들아

내가 술먹고 취하면
날 보호해줘.

내가 우울해하면
날 보호해줘.

살 뺀다 하고 치킨 먹으면
날 보호해줘.

근데 친구들아.
클럽에서는
보호 좀 하지 마라.

수고했어요

성적이 낮다고 해서
결과가 나쁘다고 해서
합격하지 못했다고 해서

그렇다고 해서
노력하지 않은 것이,
수고하지 않은 것이 아닙니다.

퇴근 시간

저녁 6시···
저녁 7시···
이 시간은 퇴근 시간이라
차가 막린다던데

도대체 이 시간에 누가 퇴근해?

부럽게.

여름의 꿈

이번 여름에는 너를 꼭
사람 많은 데서 너를 꼭
자신있게 너를 꼭

내 꿈은

비키니.

변덕

변덕은 나쁜 거라지만
너의 변덕은 날 설레게 해

한참 예쁘다가
갑자기 귀여워 버리고

한참 귀엽다가
또 갑자기 섹시해 버리고.

한 친구

나에게는 행복하고 싶다는
한 친구가 있다.

행복하고 싶다면서
왜 하기 싫은 공부를 하고
왜 하기 싫은 회사에 지원하고
왜 만나기 싫은 사람을 만나고 있니?

친구야.
하루라도 너의 삶을 살아라.

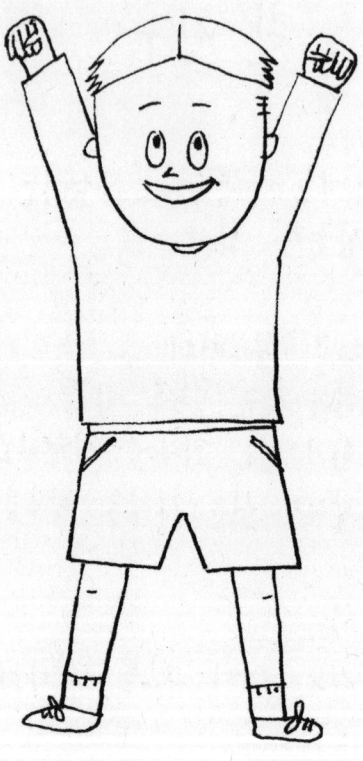

괜찮아

친구에게 "괜찮아."라는 말을 할 땐
말뿐인 위로라서 미안했는데

내가 "괜찮아."라는 말을 들을 땐
그렇게 따뜻할 수가 없었어.

자주 말할게.
괜찮아, 괜찮아.

네 얼굴

남자인 내 친구는 항상 말한다.
"내가 185cm 였음 어땠을까."

여자인 내 친구도 항상 말한다.
"내가 167cm 였음 어땠을까."

미안한데 친구야.
키보다 더 큰 문제는 따로 있어.

나도 싫어

아침에 늦잠 자고 싶어.
준비하기 싫고 나가기 싫어.
나도 일보다는 놀고 싶어.

근데 난 꾹 참고 다 해.

나는 '부모'니까.

누가 널

니가 연애는 할 수 있을까?

누가 널 좋아할까.
누가 널 사랑할까.
누가 널 아껴줄까.

이리 와바.
내가 다 해줄게.

놔

하는 일이 너무 힘들면
그냥 놓아 버리고
빨리 실패해 버려.

조금 쉬고
다시 해보면
훨씬 잘될 거야.

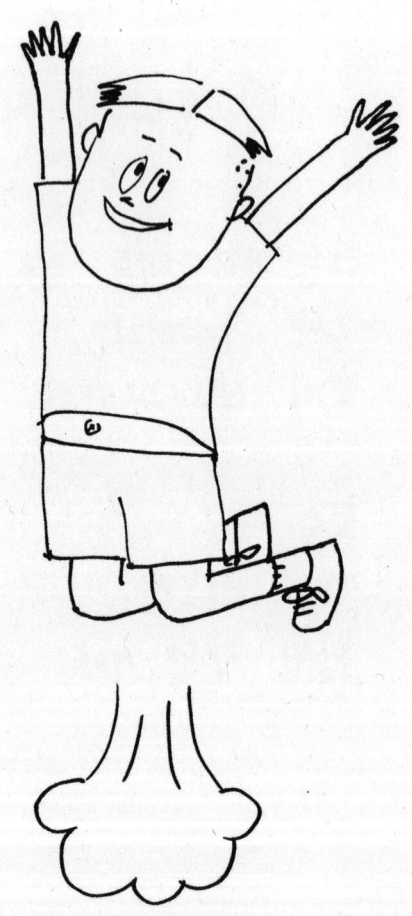

만나자

이렇게 늦은 시간에
만나자고 하면 어떡해.

좋아서 어떡해.

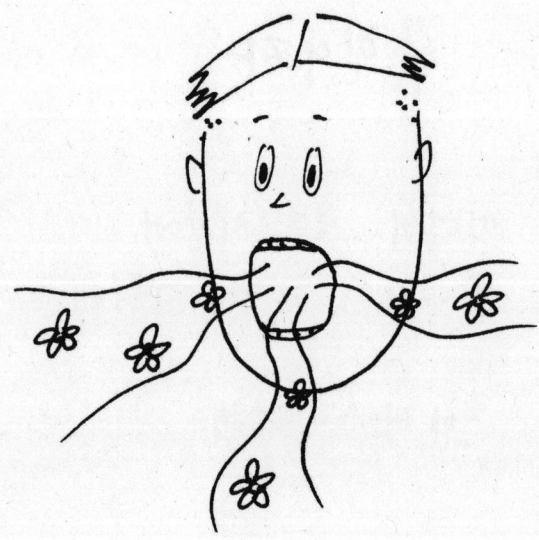

말

항상 말을 조심해야 합니다.
말이 씨가 된다는 말도 있잖아요.

여러분,
확 성공이나 하세요.

밥

늦은 밤 집에 온 나에게
엄마는 매번
"밥 먹었니?"라고 물어보신다.

왜 맨날 밥 얘기만 하냐고
이 시간까지 밥도 안 먹었겠냐고
짜증만 냈는데

그 밥 먹었냐는 말이
'사랑해.'라는 뜻인지
이제야 알았네요.

달리기

100m 달리기를 했다고 하면
기록을 묻고

42.195km를 뛰었다고 하면
완주 여부를 묻는다.

우리는 얼마나 빠른가보다
얼마나 '잘' 가고 있는지
신경 써야 한다.

인생은 속도보다 완주가 중요한
마라톤이니까.

만남의 장소

공부 잘하는 사람을
만나고 싶다면 도서관에

몸 좋은 사람을
만나고 싶다면 헬스장에

잘 노는 사람을
만나고 싶다면 클럽에

날 만나고 싶다면
고깃집에.

바람

너 만나면 좋겠다.
너만 나면 더 좋겠다.

겁쟁이

당신 보고 싶은 마음
저 높은 산만 해요.

당신에게 가고 싶은 마음
저 깊은 강만 해요.

당신을 안고 싶은 마음
저 넓은 하늘만 해요

근데 나는
속으로 생각만 해요

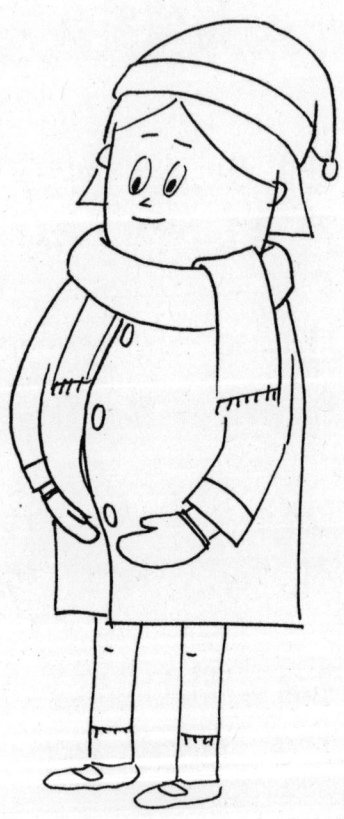

살

지금까지 나는
네가 꺼지거나 없어져버리길
바랐었고

또 가위로 잘라버리거나
떼 내 버리길 바랐다.

비키니를 못 입게 한
널 원망했지만

오늘 같이 추운 날
네가 없었다면 어땠을까.

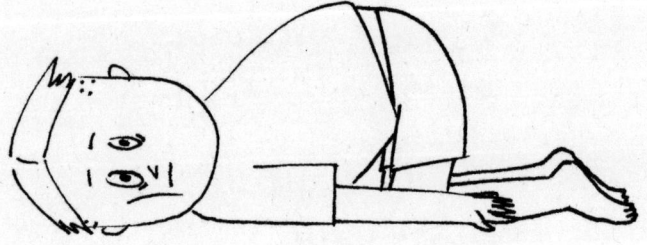

알겠네

"과묵하면서 재밌는 사람 만날래."
"청순하면서 섹시한 사람 만날래."

아, 왜 솔로이신지
알겠네요.

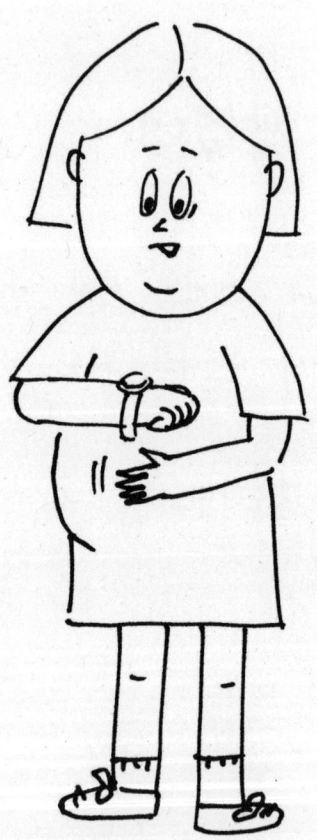

시간아

고기를 너무 많이 먹었다.

시간을 돌릴 수 있다면
시간을 돌리고 싶다.

먹은 게 후회돼서?

아니,
다시 먹고 싶어서.

느린 답장

핸드폰이 없는
30년 전으로 돌아가서
한 자 한 자 쓴 손 편지를
너와 주고받고 싶어.

집배원 아저씨가
전해주는 그 편지가

니 카톡 답장보다 빠를테니까.

아침

늦은 밤 아침 내가 너의 근처이고
비 오는 날 내가 우산이 두개이고
네가 좋아하는 음식을 나도 좋아하니까
신기하다고 했지?

사실
이거 내가 다 노력한 거야.

공허

사람을 만나서
마음을 열고 대화를 해도
그저 공허함만이 돌아온다.

하긴
다들 마음이 허한데
그 누굴 채워주리.

결정

네가 내 연락을 무시하고
나를 만나주지 않는 건
네가 결정하는 거지?

너를 좋아하고
그리워하고 보고 싶은 이 마음은
내가 결정하는 게 아니던데.

새벽

당신은 늦은 밤을
좋아해야 한다.

꿈에 다가가기에
가장 좋은 시간이다.

그 늦은 밤엔
찾아오기 쉬우라고
빛나고 있는 꿈을 볼 수 있다.

칭찬

잘한다
잘한다 하니까

진짜 잘한다.

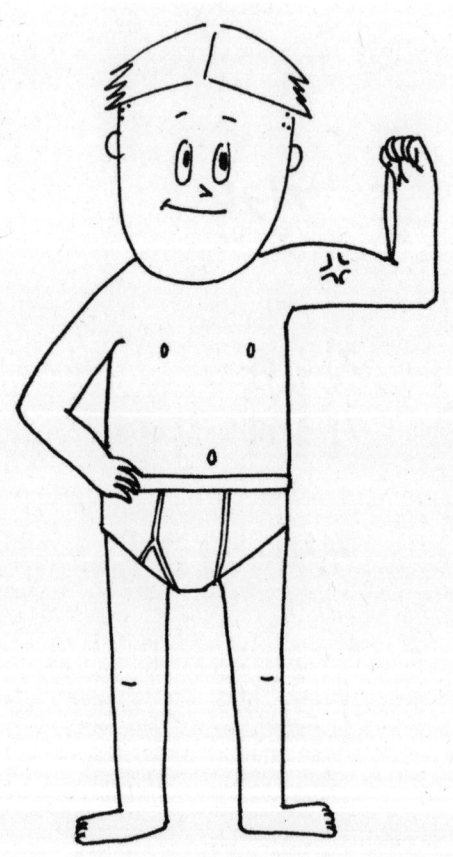

휴지

내가 좋아하는 너는
추위를 많이 타니까

수업 시간에 에어컨을
세게 트는 게 좋다.

그래야
내 옷을 빌려줄 수 있잖아.

그 기분

억만장자는
5만원짜리 옷의 행복을 모르고
아침 출근길의 복적임을 모르고
자주 갈 수 없는 여행의 설렘을 모른다.

그런데 나는
마른 사랑의 기분을 모르고…

이해

친구의 애인이
조금만 잘못하면
헤어지라고 하는 나인데.

네가 잘못하면
이해하고
또 이해하고
마냥 이해하고.

적당하게

돈은 없는 것보다
적당히 있는 게 좋고

키는 작은 것보다
적당히 큰 게 좋고

가슴도 작은 것보단
적당히 크면 좋은데

왜 뱃살만
무조건 없는 게 좋냐?

축하해

같이 취업을 준비하던
친구가 합격을 했다.

내 속도 모르고 자랑하는
저 친구는 나쁘다.

근데
진심으로 축하해주지 못하는
내가 더 나쁘다.

네 스타일

올 여름 트렌드는
킬 힐도 아니고
파인 옷도 아니고
짧은 치마도 아닌데

굳이 이렇게 입는 너.

사랑스럽다.

그 순간

너무 힘들 때는
가장 행복했던 순간을
잠깐 떠올려 봐.

그 행복했던 순간이
너의 내일이 될 거니까.

너의

반짝 반짝
호수 같은 눈.

베일 것 같은
오똑한 코.

새빨간
앵두 같은 입술.

두 개의
턱.

혼자

혼자서 보내는 주말은
쓸쓸하고

혼자서 맞는 생일은
외롭고

혼자서 하는 고민은
무겁지만

혼자서 먹는 치킨은
부족해.

비

비가 내리면
우산을 쓸까.
그냥 젖을까.

네 생각이 내리면
조금 젖을까.
흠뻑 젖을까.

삶

나의 오늘에
나의 인생에
힘든 일이던
좋은 일이던
별의 별일 다 있어야지.

그게 사는 거지.

궁금증

내가 궁금한 게 있는데
주변 사람들은 잘 모를 테고
네가 딱 알 것 같아서
너한테 물어볼게.

예쁜 여자로 살면
기분이 어때?

금지

우리 회사는 연애가
금지다.

우리 기숙사는 연애가
금지다.

우리 모임은 연애가
금지다.

감사합니다.
어차피 못하는데.

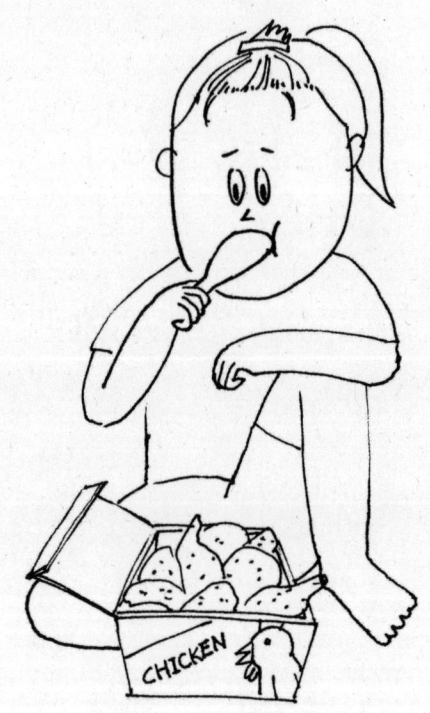

동생

동생이 허리 30짜리 바지를 사왔다.
내 선물인 줄 알고 좋아했는데
지꺼였다.

동생이 치킨 두 마리를 시켰다.
나도 한 마리 먹나 했는데
지꺼였다.

SNS

얼굴에 자신이 있으면
셀카를 올리고

몸매에 자신이 있으면
전신 사진을 올리고

패션에 자신이 있으면
데일리 코디를 올린다.

그래서 난 음식 사진을 올려.
누구보다 자신 있거든.

더 통화하자

잘 시간이 한참 넘은 시간에
전화기 너머 너의 입에서
내가 가장 듣기 싫은 말은

바로
"나 이제 잘게."야

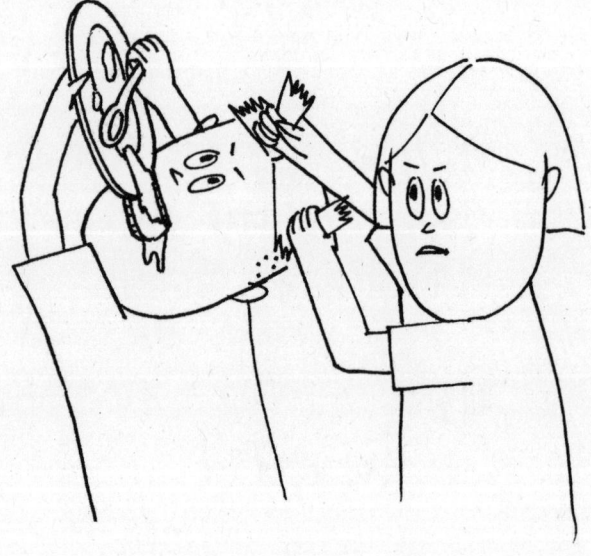

내 습관

난 맛없는 걸 먼저 먹어.
어렸을 때부터 그랬어.

근데 널 만나면서 자연스레
맛 있는 것부터 먹게 되었어.

습관대로 하다가는
뭐가 남아 있어야지.

어쩌자고

이 늦은 밤에
어쩌자고
네 목소리가 듣고 싶을까.

이 늦은 밤에
어쩌자고
네 얼굴이 보고 싶을까.

이 늦은 밤에
정말 어쩌자고
네 숨결이 그리울까.

한가해

카페로 오라고 하면
가고,

술 먹자고 하면
먹고,

영화 보자고 하면
보니까 내가 한가해 보이지?

근데 이거 비밀인데
나 선약 다 깨는 거야.

생각 없니

넌 애가 생각이 있냐?

나한테 항상 친절하고
만날 때마다 눈웃음치고
심심하다고 통화 하자 하고

생각 있냐?

나랑 사귈 생각.

170

손편지

당신이 부모님께
손 편지를 드린다면

작은 글씨를 읽으시느라
얼굴을 찌푸리시겠지만

부모님의 마음은
어느 때보다 활짝 웃겠지요.

놓을게

너랑 헤어지면서
너라는 사람을 놓아주고
우리의 사랑을 놓아주고
남아있는 미련도 놓아 줄게.

그래도 좋았던 추억만큼은
꼭 쥐고 있을래.

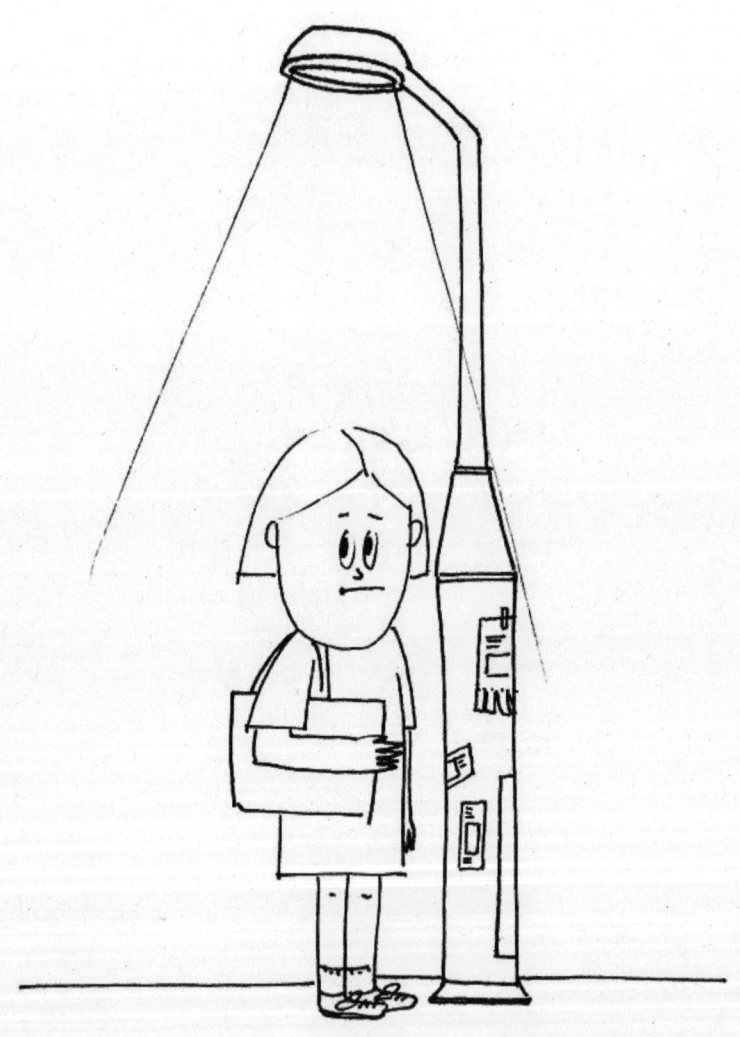

얼굴이 보이게

늦은 밤에
집으로 혼자 돌아가는
외로운 그 길.

그대는 혹시라도
어두운 곳으로 다니지 마세요.

제가 볼 때 당신은
밝은 곳으로만 다니면
무조건 안전합니다.

왜 이럴까

만난 지 얼마 안 됐는데
왜 시간이 많이 지난 것 같지.

만난 지 얼마 안 됐는데
왜 헤어짐이 다가올 것 같지.

분명 달라져보려고 했는데
왜 전보다 못한 것 같지.

내 방학 생활이.

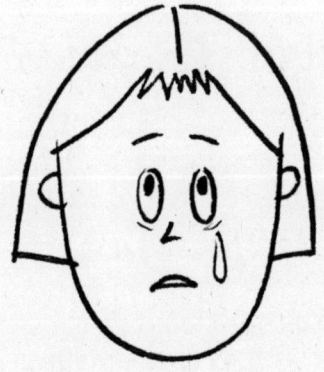

그 때는

꽃이 활짝 피었을 땐
아름다움을 뽐냈지만

꽃이 질 때는
땅에 떨어져 밟힌다.

나의 연애와
나의 이별과
무섭게도 닮았다.

욕심쟁이

'집이 최고야'라는 말은
집을 떠나 본 사람만 할 수 있다.

'저 집 맛집이야'라는 말은
거기서 먹어 본 사람만 할 수 있다.

근데
'넌 좋은 여자야'라는 말은 나만 할거야

나만 너 만날 거니까.

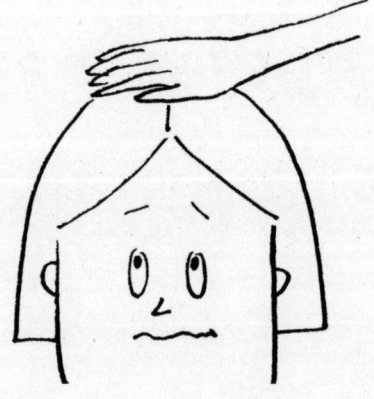

앞으로

앞으로 더 잘할게.
앞으로 더 행복하게 해줄게.
앞으로 더 예뻐해줄게.

그런 것도 좋지만
지금 마음이나 변치 마요.

솔로

솔로들이여.

외로워도 힘들어도
가슴 속에 뜨거운
희망을 갖자.

그러다 보면 우리는
희망찬 솔로.

끝이야

"오빠. 내가 헤어지자고 하면 어떡할 거야?"

"바로 끝이지. 뭐."

"우리 사이가?"

"아니. 내 인생이."

남

이제는 나 자신보다
남을 생각하는 사람이 돼야지.

사는 건 어떤지
밥은 잘 먹는지
아픈진 않은지 걱정해 줄게요.

이제 우리는
남이 됐으니까.

닝아

"편하게 있어라.
 편하게 있어라."
편해야 편하게 있죠.

"네 집같이 해라.
 네 집같이 해라."
제 집 같아야 그러죠

시어머니.

누구야

하나도 되는 일이 없어서
침대에서 울고 있는데
누군가가 방 문을 열고 들어온다.

고개를 돌려 누구냐고 물으니

"저는 희망입니다." 라고 답하네.

출근

그렇게 하기 싫은
너의 출근이

누군가에게는
소원이고 꿈이다.

몰랐다

넘치는 사랑을 주다가
가득찬 사랑을 주었지만
나는 몰랐지.

넘치지 않는다고
변했다고 할 줄은.

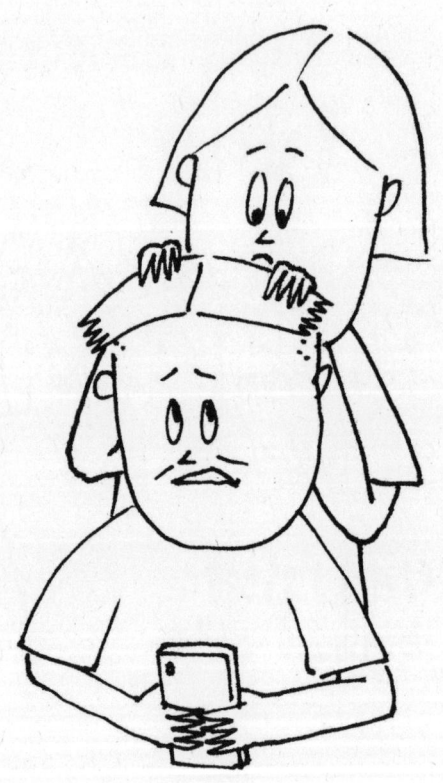

싫다 싫어

난 잘생긴 남자가 싫다.
정말로 잘생긴 남자가 싫다.

왜냐하면
날 안 만나주니까.

소개팅 남

네가 체인 달고 와도
난 참았어.

네가 게임 페인이어도
난 참았어.

네가 담배 많이 피워도
난 참았어.

근데 우린 여기까진가 봐.
'안 돼'는 못 참겠다.

고작

너랑 내가 뭐 얼마나
특별한 사이라고

모든 걸 함께한
사이일 뿐인데

매일을 함께한
사이일 뿐인데

그게 뭐
얼마나 대단한 거라고
너 없는 게 이렇게 힘들까

드라마

요즘 보는 드라마가 있는데
연기 좋고 스토리 탄탄하고
다 마음에 드는데
좀 비현실적인 부분이 있어.

여주인공이 글쎄
착하고 잘생긴 남친이 있더라.

근로자의 날

오늘은 근로자의 날.
나는 오늘 쉰다.

내일은 주말.
나는 내일 쉰다.

그 다음은 평일.
나는 그 때도 쉰다.

그래,
나는 취업 준비생이다

딱

나는 정말 공부하려고
딱 마음을 먹고
딱 5분 뒤에 하려고 하는데

엄마의 잔소리에
할 마음이 싹 사라졌다.

잔소리 하실 때 뭐하고 있었냐고?

누워있었지….

야근

오늘 내가 쏘기로 한 날인데
야근 때문에 미뤄야 할 것 같아

어떻게 이렇게 교묘하게
약속 날마다 야근이냐고?

쏘기 싫어서
야근 핑계 아니냐고?

마지막 칼퇴가 언제였는지
기억도 안 나는 나에게
너무하네.

예쁜 너

내가 좋아하는
넌 예뻤어.

나와 함께하는
모든 순간이 예뻤던 너.

그래도
헤어지는 날 만큼은
예쁘지 말지.

상담사

나는 너의 좋은 연애 상담사야.

너의 이야기를 들을 때
내 일인 것마냥
감정이입을 하고 상담을 해.

근데
그 사람 때문에 그렇게 힘들면
그냥 나한테 와 주면 안 되냐

보고

네가 너무 보고 싶어서
떨리는 마음으로 문자 했어.

10시간이 지나고야
너에게 온 답장은

"시간 한번 보고."

쓰지마

머리 치장에 너무 많은 시간을 쓰지마.
옷 고르는데 너무 많은 시간을 쓰지마.
남에게 잘 보이려고 너무 힘 쓰지마.

다른 사람들은 너 잘 안 봐.

실례

도저히 너한테
"예쁘다."라고 못 말하겠다.

이 말은
널 반의 반도 표현 못해서.

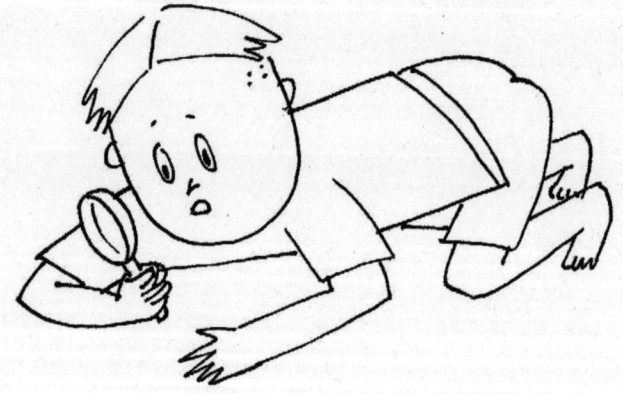

행복은

사람들은
먹고 싶은 것 참고
사고 싶은 것 참고
가고 싶은 데도 참으며
행복하지 않다고 말한다.

행복은
찾으면 찾을수록 나오는
부모님의 흰머리 같은 것인데.

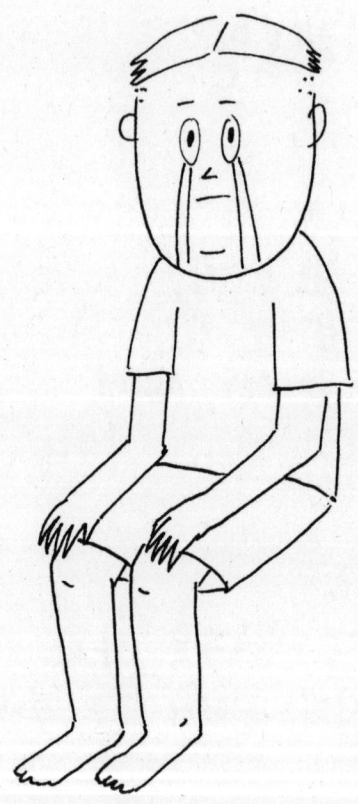

두 눈

어둠이 오고 나서
밝음이 오는 게 이치인데

어둠이 무섭다고
두 눈 꼭 감아버린다면

밝음이 와도 보질 못하지.
우리는 두 눈 크게 뜨고 있자.

꽉

아침부터 진짜
엘리베이터고
지하철이고 버스고
꽉 꽉 차있더라.

네 생각으로.

그 동안

너를 사랑하는 동안
매일 매일이 힘들었다.

더는 너를
사랑하지 않기로 한 뒤

그때 보다의 힘듦을
안고 살아간다.

지난 기억

사람은 왜 이리도
지난 기억에 관대할까.

그렇게 미웠던 네가
시간이 지나니
보고 싶어지는 게 웃기다.

그 사람의

날 사랑했던
그 사람의 얼굴과
그 사람의 표정과
그 사람의 숨결이
기억나지 않는다.

그런 사람이 없었거든.

넌

너는 나의
학교이고
학원이고
강의실이야.

'배우자'니까.

그 사람

참 신기하지.

가장 따뜻했던 사랑도
가장 차가웠던 사람도

둘 다
너라니.

그렇다고 해서

봄이 온다고 해서
꽃이 핀다고 해서
벚꽃이 날린다고 해서
설레거나 급할 것 없다.

어차피
안 생기니까.

복

엄마 나 점 빼줘.
"그거 복 점이야."

엄마 나 코 해줘.
"그거 복코야."

엄마 복 핑계 말고
해주기 싫으면
해주기 싫다고 해요.

오늘

이번 주가 토익이에요?
다음 주가 시험이에요?
다음 달이 면접이에요?

놀거면 오늘 노세요.

오늘이 시험까지
가장 많이 남은 날 이니까.

마음대로

너랑 커피 먹고 싶은데
내 마음대로 안 돼.

너랑 영화 보고 싶은데
내 마음대로 안 돼.

너랑 놀러가고 싶은데
내 마음대로 안 돼.

맘처럼 다 안 돼서
널 그만 좋아하고 싶은데
이게 제일 잘 안 돼.

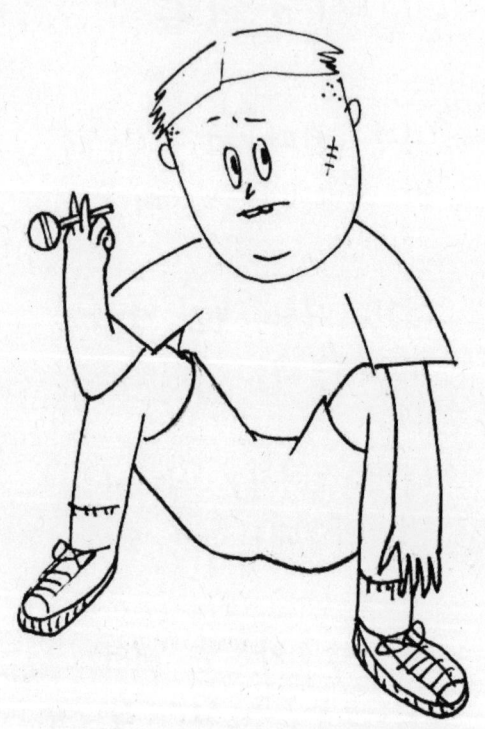

좋은 점

감기에 걸리면 좋은 점.
감기 걸릴 일이 없다.

공부를 못하면 좋은 점.
더 이상 떨어질 곳이 없다.

애인이 없으면 좋은 점.
잊을리가 없다.

친구하자

친구야
학교를 졸업하면
우리는 각자의 곳으로 가고
다른 사람을 만나고
다른 추억을 쌓겠지만

연락이 뜸해지고
얼굴 보기가 힘들어지고
전처럼 가깝지 않겠지만

그래도 우리 평생
친구하자.

없어졌어

어디갔지?

분명히 받았는데.
분명히 챙겼는데.
분명히 있었는데.

어디 갔지?

내 방학.

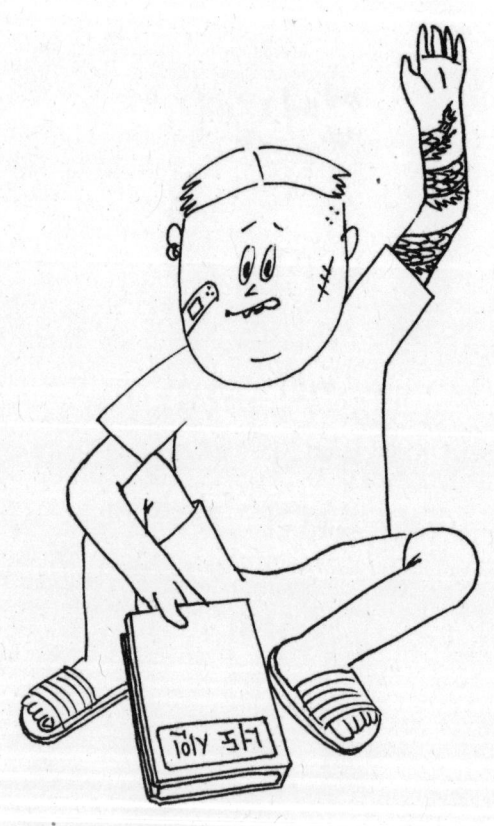

인생 목표

난 대단하다.
젊은 나이에 벌써
인생의 목표 절반을 이뤄냈다.

돈 많은 백수가 내 목표인데
돈은 없지만
백수는 하고 있지.

주변

당신이 항상 있어주니까
나는 몰랐어요.

그래서 있는지도 몰랐어요

그런데 있었네요.
아니, 주변 온 천지에 계셨네요.

수요일

넌 정말 대단한 능력이 있어.
아무것도 아닌 이 수요일이
너만 만나면 특별해지니까.

말해

"할 수 있다."라고 말하지 마세요.

"하고 있다."라고 말하세요.

시작만 한다면
당신은 다 잘돼요.

천천히

"늦어도 괜찮아." 라는 말은
실패해도 다시 일어서서
천천히 가도 된다는 뜻이지,

"시간 지나면 되겠지." 하며
멈춰 있어도 된다는 뜻은 아니야.

제가 직접 쓴 투박한 손글씨를 보며 사람들이 말했습니다.
"초등학생 글씨 같아요." 초등학생 글씨 맞습니다. 지금부터 9살
대호의 일기를 보실텐데요. 군 생활 중 저는 나름대로 글씨 연습을
했습니다. 연습을 통해 글씨가 늘었다고 생각 했지만 초등학교
일기장을 우연히 발견하고 글씨가 그대로인 것을 알았습니다.
믿기 어려우시겠지만 집중 해서 쓴 글씨 입니다.

[보너스]
대호의 일기

7월 12일 수요일	☀️ ⛅ ☁️ 🌂 ⛄
일어난시각 7시 분	잠자는시각 10시 분
오늘의 중요한 일	오늘의 착한 일

반상회와 엄마의 아픔

반상회를 했는데 엄마가 아프셔서 말을 잘 들었다.
아빠께서 더 신경써주시고 모든 사람들께서도 신경써 주시면서 반상회를 했다. 엄마를 좀 더 신경써서 돌려야 하겠다.

오늘의 반성	내일의 할 일

7월 1o일 일요일

일어난시각 6시 40분
잠자는시각 1o시 분

엄마의 아픔 때문에
엄마의 아픔 때문에 놀러
도 못가고 아빠 회사도 못
갔다.
그런데 엄마가 정말 아픈가
보시다
말 좀 잘 들어야겠다

12월 12일 화요일

일어난 시각 7시 00분
잠자는 시각 10시 00분

오늘의 중요한일
오늘의 착한일

공부

공부가 오늘따러 무너무 많았다.
공부가 너무 많아서 머리가 무겁다.
공부는 꼭 이렇게 많이 해야 되는 걸까?
공부가 하기 싫으면 이런 생각이 잠긴다.
공부는 정말 어렵다.

오늘의 반성
내일의 할일

11월 2○일 월요일	☀ ◯ ☁ 🌧 ⛄
일어난 시각 7시 10분	잠자는 시각 10시 5분
오늘의 중요한일 공부	오늘의 착한일 배

오늘 학교에서 배가 너무너무너무 아팠다.
어제 일기를 쓰지않아서 오늘아침에 쓰다가 밥을못먹었기 때문이다.
이제부터 일기도 잘쓰고 밥도 잘먹어야겠다.

오늘의 반성 일기를잘쓰기	내일의 할일 공부

7월 25일 화요일

일어난시각 7시 분
잠자는 시각 10시 분

오늘의 중요한 일
오늘의 착한 일

받아쓰기

엄마랑 받아쓰기를 보았는데
어려운 글씨가 너의 많았다
연습을 많이 했는데도
자꾸 틀렸다
연습을 많이 해야겠다

오늘의 반성
내일의 할일

11월 22일 수요일

일어난 시각 7시 00분
잠자는 시각 10시 10분

오늘의 중요한일

오늘의 착한일

1학년때 일기장

1학년때 일기장을 읽어 보았다.
4권이나 읽었다.
일기중에는 제일 잘쓴것도있고, 잘
못쓴것도 있었다.
4는 그런데 왜 일기실력이 없는가
생각해 보았다.
하루의 일을 잘 생각하며 일기
방식을 잘 알아두어서 일기를
잘써야 겠다.

오늘의 반성

1월 5일 금요일

일어난 시각 7시 00분

잠자는 시각 10시 5분

맥아더

위인전 맥아더를 읽었다.
맥아더는 나폴래옹처럼 미국경찰이
되어서 훌륭한 일을 많이했다.
미국에있는 사관학교까지 들어가서
아주 대단했다.
훈장이 6개나 있었다.
맥아더저럼 훌륭한 사람이 되야겠다.

1월 4일 목요일

일어난 시각 7시 00분
잠자는 시각 10시 4분

오늘의 중요한일
오늘의 착한일

○ 유일한

위인전 유일한을 읽었다.
유일한은 어렸을때 부터 미국에 가서 공부도 많이하고, 좋은 일도 많이 했다.
유일한은 친구 스미스와 병원도 세우고, 식품공장도 세워서 사람들에게 많은 도움을 주었다.
4도에 제 3학년 이되어서 착한일과 좋은일을 해야겠다.

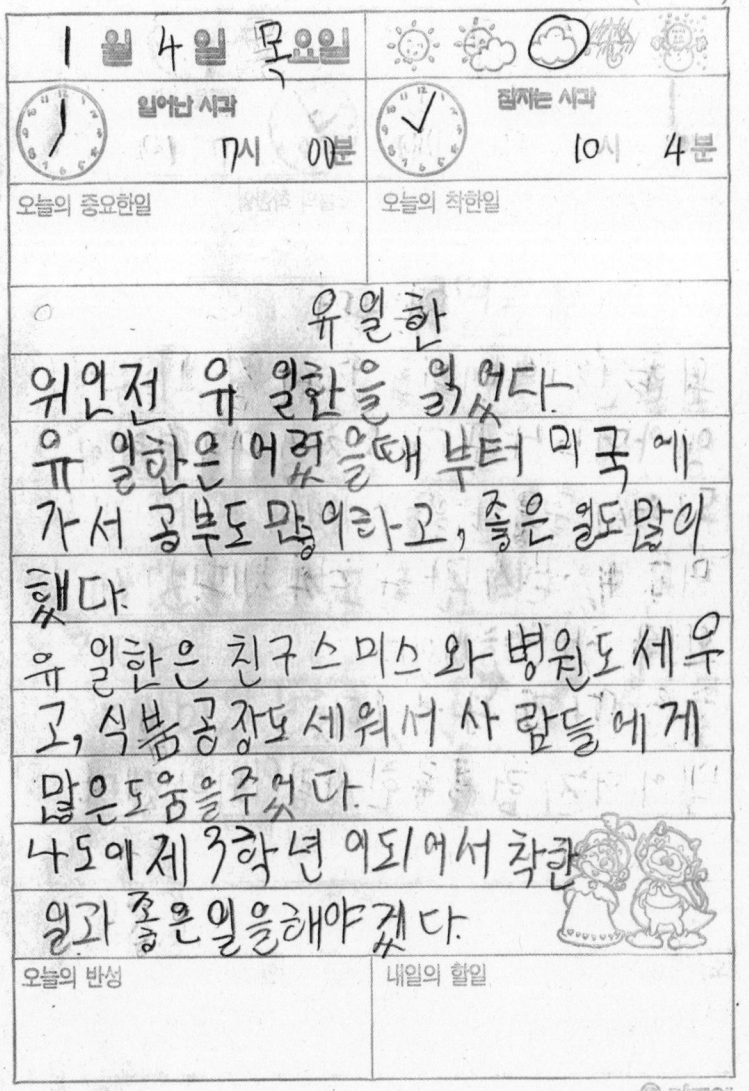

오늘의 반성
내일의 할일

도움 주신 분들

최규필 (아빠)
유인자 (엄마)
최고은 (동생)

감사합니다.

이 책은
시인 _____ 님의
첫 번째 시집입니다

그 표정

가끔은
사랑한다는 말보다

좋아 죽겠다는 ___의 표정이
더 좋아요.

남자가

___ 무슨 남자애가
사소한 것도 잊지 않고
말 한 마디도 그냥 안 넘기고
별 걸 다 기억하니까

날마다 아주
세심해서 고마워.

다 아는데

너무 많이
티 내면 안 된다는 걸 알면서도
처음부터
너무 빠지면 안 된다는 걸 알면서도

___앞에만 서면
___다 잊어버려요.

뛰어

난 걷는 거 싫어해
뛰는 건 더 싫어.

근데 ___ 알고나선
매일 뛰어.

심장이.

고백해 봐라

우제

___ 왜 그렇게 생겼어?

_____

부러운 남자

오빠는 잘생겼고
옷도 잘 입고
재미도 있는데
세상에 부러운 사람이 있어요?

"나? 있지.
＿＿ 남자 친구 될 사람."

생각 없니

나한테 항상 친절하고
만날 때마다 눈웃음치고
심심하다고 통화 하자 하고

생각 없냐?

___ 사귈 생각.

누가 널

니가 연애는 할 수 없을까?

누가 ___ 좋아할까.
누가 ___ 사랑할까.
누가 ___ 아껴줄까.

이리 와바.
내가 다 해줄게.

그때 기분

자른 머리가 마음에 들고
새로 산 신발이 딱 맞고
늦었을 때 버스가 바로 오고

이렇게 사소한 것들에도
나는 기분이 좋은데

너랑 말이 통할 때
내 기분은 _____

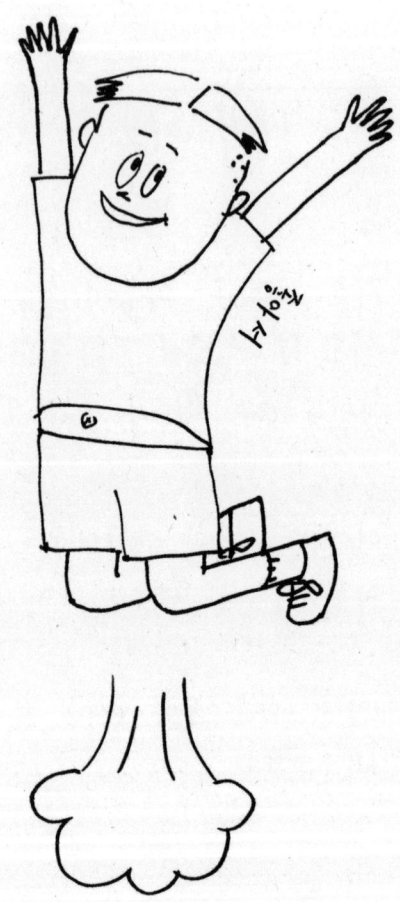

만나자

이렇게 늦은 시간에
만나자고 하면 어떡해.

_____ 어떡해.

욕심쟁이

'집이 최고야'라는 말은
집을 떠나 본 사람만 할 수 있다.

'저 집 맛집이야'라는 말은
거기서 먹어 본 사람만 할 수 있다.

근데
_____ 라는 말은 나만 할거야

나만 너 만날 거니까.

네 스타일

올 여름 트렌드는
킬 힐도 아니고
파인 옷도 아니고
짧은 치마도 아닌데

굳이 이렇게 입는 너.

___

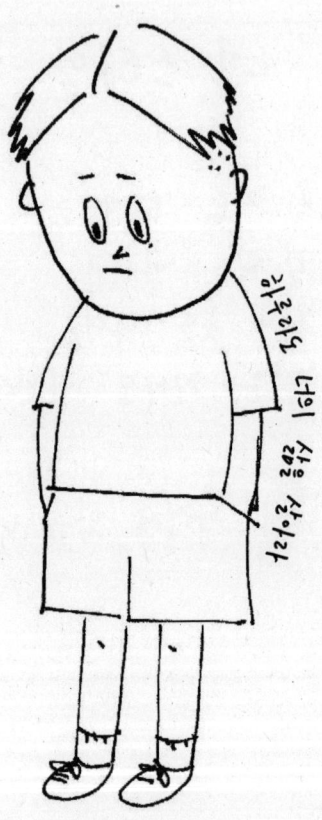

패러디 해봐라

한 친구

나에게는 행복하고 싶다는
한 친구가 있다.

행복하고 싶다면서
왜 하기 싫은 공부를 하고
왜 하기 싫은 회사에 지원하고
왜 만나기 싫은 사람을 만나고 있니?

친구야.

_____

수고했어요

_____ 해서
_____ 해서
_____ 해서

그렇다고 해서
노력하지 않은 것이,
수고하지 않은 것이 아닙니다.

봐

하는 일이 너무 힘들면
그냥 놓아 버리고
빨리 실패해 버려.

조금 쉬고
다시 해보면

_____

민간요법

_____때
_____때
_____때

예로부터 내려오는
민간요법이 있다.

퇴근하기.

너의

반짝 반짝
호수 같은 눈.

베일 것 같은
오똑한 코.

새빨간
앵두 같은 입술.

_____

_____

패러디 해봐라

더 통화하자

잘 시간이 한참 넘은 시간에
전화기 너머 너의 입에서
내가 가장 듣기 싫은 말은

바로

_____

SNS

얼굴에 자신이 있으면
셀카를 올리고

몸매에 자신이 있으면
전신 사진을 올리고

패션에 자신이 있으면
데일리 코디를 올린다.

그래서 난 ___ 사진을 올려.
누구보다 자신 있거든.

패러디 해봐라 ⭐ 41

말해

"할 수 있다."라고 말하지 마세요.

"하고 있다."라고 말하세요.

시작만 한다면
_____ 다 잘돼요.

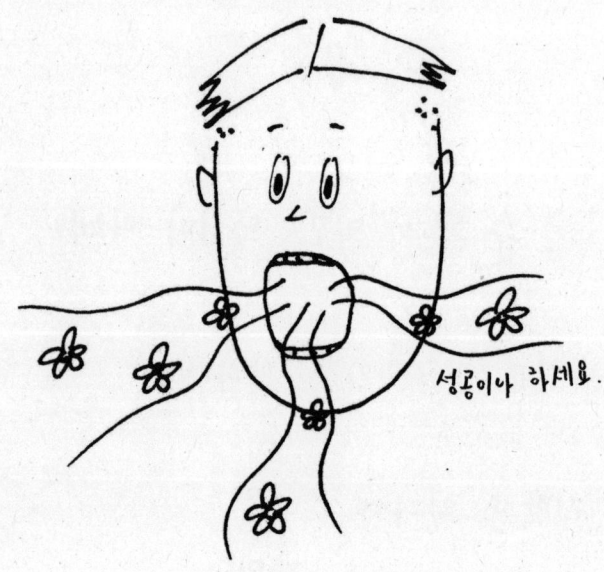

패러디 해봐라 43

말

항상 말을 조심해야 합니다.
말이 씨가 된다는 말도 있잖아요.

여러분, _____
학 _____

만남의 장소

공부 잘하는 사람을
만나고 싶다면 도서관에

몸 좋은 사람을
만나고 싶다면 헬스장에

잘 노는 사람을
만나고 싶다면 클럽에

날 만나고 싶다면

_____

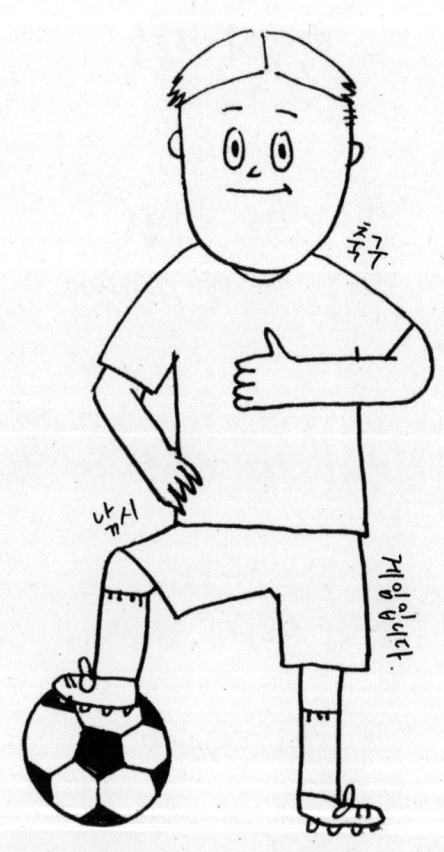

패러디 해봐라 ☆ 47

좋은 취미

저의 취미는

_____

_____

_____

솔로냐고요?

보시다시피요.

패러디 해봐라

칭찬

잘한다
잘한다 하니까

_____

준비물

좋은 일
좋은 사람
좋은 삶을 만나려면
간단한 준비물이 있다.

―――――――

진로 고민

석사를 딸까,
박사를 딸까.

대기업을 갈까,
스타트업을 갈까.

영어권으로 갈까,
중화권으로 갈까.

아,
일단 _____

퇴근 시간

저녁 6시...
저녁 7시...
이 시간은 퇴근 시간이라
차가 막힌다던데

도대체 이 시간에 누가 퇴근해?

_____

밥

늦은 밤 집에 온 나에게
엄마는 매번
"밥 먹었니?"라고 물어보신다.

왜 맨날 밥 얘기만 하냐고
이 시간까지 밥도 안 먹었겠냐고
짜증만 냈는데

그 밥 먹었냐는 말이
_____ 라는 뜻인지
이제야 알았네요.

손편지

당신이 부모님께
손 편지를 드린다면

작은 글씨를 읽으시느라
얼굴을 찌푸리시겠지만

부모님의 마음은

_____

막 써봐라 61

막 써봐라  63

막써봐라 65

막써봐라 67

막써봐라 69

막써봐라 71

72